Vorwort

„Lesen ist Fernsehen im Kopf!"
Diese Aussage verdeutlicht in vielfacher Weise auch die Bedeutung kindgerechter Literatur. Neben den „modernen" Medien kommt - vor allem bei Grundschulkindern - dem Buch besondere Bedeutung zu. Die sprachliche sowie gedankliche Auseinandersetzung mit lebensnahen Themen und Inhalten und das Kennenlernen neuer Sachverhalte sind wichtige Grundlagen für die sprachliche und intellektuelle Entwicklung unserer Kinder.
Um Leseinteresse zu wecken und die kreative Fantasie anzuregen, spielt die bildliche Gestaltung von Kinderbüchern eine große Rolle.

So haben die beiden 4. Klassen der Grundschule Ilmmünster, die dieses Buch illustrieren durften, gemeinsam mit der Autorin ein lobenswertes Projekt auf die Beine gestellt und damit einen wesentlichen Beitrag zur Leseförderung und Kunsterziehung unserer Kinder geleistet.

Allen „Leseratten" wünsche ich viel Freude bei der Lektüre und der fantasievollen Umsetzung von Text und Bildern.

Vitus Schwärzer
Schulamtsdirektor

© 2010 Regina Schwetje
Idee und Text: Regina Schwetje
Illustrationen: Kinder der 4. Klassen der
                Grundschule Ilmmünster
Anleitung: Kunstlehrerin Eva Schönauer
Layout: Herbert Worm
Herstellung und Verlag:
Books on Demand GmbH, Norderstedt
Printed in Germany 2010

ISBN: 978-3-8391-6508-9

Inhalt

- 9   Beratung im Stall
- 13 Wer arbeitet mit wem
- 22 Mit dem Wagen unterwegs
- 25 Frau Greiner staunt nicht schlecht
- 28 Überraschung für Geheimrat Böhme
- 33 Oma Kugler glaubt es kaum
- 38 Ein tolles Motto
- 40 Jetzt werden sie berühmt
- 46 Großes Trara bei den Tieren
- 50 Der Alltag beginnt wieder
- 52 Da kommen ja Helfer
- 56 Die Huber-Bäuerin ist sehr stolz

Die erste Tier AG

Idee und Text : Regina Schwetje
Illustrationen: Kinder der 4. Klassen
der Grundschule Ilmmünster

Beratung im Stall

„Das kann man ja nicht mehr länger mit ansehen, wie hier alles zusammenbricht. Seit es den Bauern nicht mehr gibt und die Bäuerin im Krankenhaus ist, geht alles den Bach runter!" Die Tiere auf dem Huber-Hof hatten sich zu einer Konferenz versammtelt. Es war höchste Zeit, dass etwas geschah.

Die Kuh beklagte sich: „Mir tut das Euter weh, weil ich nicht mehr gemolken werde! Nicht, dass ich gerade viel Milch hätte, aber trotzdem muss sie raus, sonst kann ich bald gar keine Milch mehr geben!"

„Das ganze Obst geht kaputt, weil keiner da ist, der es von den Bäumen holt," berichtete das Pferd.

„Das ist noch nicht alles," riefen die Hühner. „Unsere Eier verfaulen, weil keiner da ist, der sie einsammelt und verkauft."

„Dann solltet ihr erst einmal den Garten sehen," meldeten sich die Schweine. „Das ganze Gemüse vergammelt, weil keiner da ist, der es erntet. Für uns ist das zwar nicht schlecht, denn dann haben wir genug zu fressen. Aber das allein kann ja nicht der Sinn sein."

Eva Brkić

Ja, es war ein schlimmer Zustand auf dem Huber-Hof, da waren sich die Tiere einig. Aber was konnten sie dagegen tun? Sie diskutierten, überlegten, berieten! Bis sich plötzlich der Hund zu Wort meldete: „Ich hab da so eine Idee! Was haltet ihr davon, wenn wir der Bäuerin helfen?"

„Tolle Idee," miaute die Katze, „aber wie willst du das anstellen?"

„Wir übernehmen die Arbeit hier auf dem Hof," entgegnete der Hund. „Wir helfen alle zusammen. Jeder bekommt seine besondere Aufgabe. Wir machen einen Plan und gründen eine Tier AG. Und wenn alles klappt, bringen wir die Sachen zu unseren Kunden und verkaufen sie. Was haltet ihr davon?"

„Das klingt ja alles ganz gut," meinte der Hahn, „aber was bedeutet das - eine Tier AG?"

„AG bedeutet Arbeitsgemeinschaft. Wie das Wort schon sagt - wir arbeiten alle gemeinsam und helfen zusammen, vom Ernten bis zum Verkauf. Und weil wir alle Tiere sind, heißt das dann Tier AG! Doch da gibt es noch viel zu überdenken und zu regeln. Aber wenn wir das von Anfang an richtig anpacken, könnte es funktionieren!"

Von allen Seiten kam Zustimmung. Sie berieten die ganze Nacht, wie sie die Idee des Hundes umsetzen könnten. Viele Vorschläge wurden angenommen, dann wieder abgelehnt. Und endlich, es war schon weit nach Mitternacht, einigten sie sich auf einen gemeinsamen Plan. In einer Abstimmung wurde die Katze als Organisatorin gewählt. Sie war klug und flink.
Sie sollte alles überwachen, sagen, was ein jeder zu tun hatte und bestimmen, wenn an irgend einer Stelle jemand zum Helfen gebraucht wird.

Todmüde trennten sich die Tiere und jeder ging zu seinem Schlafplatz um sich wenigstens noch ein bisschen auszuruhen, bevor sie am Morgen zum Einsatz kommen sollten.

Wer arbeitet mit wem

„Kikeriki, kikerikiiiii!" Stolz stand der Hahn auf dem Misthaufen und schrie aus vollem Hals. Er fühlte sich ganz wichtig, denn er hatte die Aufgabe alle mit seinem Rufen rechtzeitig zum Arbeitseinsatz zu wecken. Es war zwar noch sehr, sehr früh, aber es gab ja auch viel zu tun. Da konnte man nicht früh genug damit anfangen.
„Also, alles aufstehen! Los, an die Arbeit! Kikeriki!"

Die Tiere erwachten aus ihrem kurzen Schlaf. Sie trafen sich auf dem Hof und die Katze verteilte die Aufgaben.
„Aber denkt daran," ermahnte sie, „wir dürfen nur so viel ernten und einsammeln, wie wir an einem Tag verkaufen können. Also, macht euch an die Arbeit, wir haben heute noch eine Menge vor. Und noch was - weil wir alle zusammen helfen müssen, benehmt euch! Ich will keinen Streit auf dem Hof! Verstanden?"

Damit waren die Tiere aufgefordert, ihr Bestes im Sinne der Gemeinschaft zu tun.

Julia Schneider

Die Kuh stand im Stall und wartete, dass sie gemolken wurde. Da kam die Ziege, schob einen Eimer unter die Kuh und fing an am Euter zu saugen.

„He, ein bisschen mehr Gefühl bei der Sache, wenn ich bitten darf," beschwerte sich die Kuh. „Und denke daran, die Milch muss in den Eimer und nicht in deinen Magen!"
„Schon gut," meckerte die Ziege. „Ich mache das ja zum ersten Mal! Also hab ein wenig Geduld mit mir!"
Vorsichtiger zuzelte sie weiter, wobei sie ihren Kopf zur Seite drehte, damit die Milch erst tröpfchenweise dann schneller in den Eimer spritzen konnte.
„Mein Euter ist ja schon leer," sagte die Kuh zur Ziege, als diese aufhörte zu melken.
„Ja, und ich bin ganz fertig von der ungewohnten Arbeit," antwortete die Ziege
„Das kann ich gut verstehen," tröstete die Kuh, „aber ich denke, für den Anfang warst du nicht schlecht. Danke!"

Zur selben Zeit machten sich die Hühner an ihre Arbeit. Sie stellten sich der Reihe nach auf, wobei es zu leichten Streitereien kam, denn jede wollte die erste sein.
„Hört auf mit dem Gezanke, wisst ihr nicht mehr, was die Katze gesagt hat: keinen Streit auf dem Hof!" meldete sich die älteste Legehenne. „Jede kommt dran."
Es ging noch ein wenig hin und her, aber dann setzte sich eine Henne nach der anderen in einen Korb mit Stroh um ihr Morgenei zu legen. Doch es gelang nur wenigen, denn sie waren heute einfach zu aufgeregt dazu.

Währenddessen zog das Pferd einen kleinen Wagen unter den Apfelbaum, trat ein paarmal kräftig gegen den Stamm und die reifen Früchte fielen hinein. Anschließend ging es weiter unter den Zwetschgenbaum und auch da fiel das Obst in den Wagen.
Danach trabte das Pferd weiter auf den Acker, wo es bereits von den Schweinen erwartet wurde. Mit ihrer Schnauze wühlten die Schweine

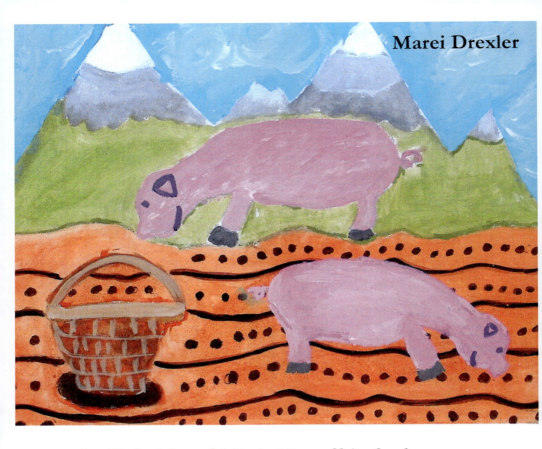

Marei Drexler

das Erdreich auf, bis sie Kartoffeln fanden. Jedesmal, wenn sie welche gefunden hatten, grunzten sie und das Pferd kam und kickte die Kartoffeln mit einem eleganten Schwung in seinen Wagen.

Die Gänse machten sich derweil im Gemüsegarten nützlich. Sie hatten sich ausnahmsweise mit den Schnecken zusammen getan. Die Schnecken fraßen den Salat unten knapp über der Erde ab und die Gänse schleuderten die Salatköpfe mit ihren Schnäbeln in den Korb. Zum Lohn durften die Schnecken die abgefallenen Salatblätter fressen.

Lisa-Marie Heyder

Sogar ein Eichhörnchen, das im Baum sitzend von der Tier AG gehört hatte, half mit. Es biss die wunderschönen Blumen in der richtigen Länge ab und legte sie ins Gras. Die Schwalben, die den Sommer über im Kuhstall nisteten, hatten inzwischen Stroh geholt und banden die Blumen damit zu schönen kleinen Sträußchen zusammen.

Der Hund, der für den Garten eingeteilt war, war auch für das Gemüse zuständig. Er sammelte Tomaten und Bohnen ein, riss Karotten und Radieschen aus dem Boden und legte alles in den Korb.

Selbst die Katze war nicht untätig. Obwohl sie als Organisatorin viel zu tun hatte, kümmerte sie sich um die Gartenkräuter. Mit ihrer feinen Nase konnte sie die Kräuter gut voneinander unterscheiden. Sie zupfte von jeder Sorte ein wenig ab und brachte sie zu dem Korb, in dem bereits das Gemüse lag.

Es war toll mit anzusehen, wie ernst jeder seine Aufgabe nahm und sie gewissenhaft erledigte. Als alle mit ihrer Arbeit fertig waren, versammelten sie sich gegen Mittag wieder in der Hofmitte.
Und mittendrin stand ihre erste Ernte.

„Wir können wirklich alle stolz darauf sein, was wir bisher geleistet haben," verkündete die Katze. „Jetzt machen wir erst einmal eine kleine Mittagspause, damit jeder wieder zu Kräften kommt. Und dann müssen wir die Sachen ausliefern."

Mit dem Wagen unterwegs

„Kikeriki, kikerikiiii!" Unerbittlich rief der Hahn. „Das Ausruhen hat ein Ende. Alle her zu mir auf den Hof, die Arbeit geht weiter! Kikeriki!"

Johannes Himmelspach

Jetzt kam der schwerere Teil der Arbeit auf die Tiere zu, denn nun ging es darum zu den Kunden der Bäuerin zu gehen und die Lebensmittel auszuliefern.

Das war vielleicht ein komisches Bild. Vor einem alten Holzwagen war das Pferd angespannt. Auf dem Pferderücken saß die Katze. Auf dem Wagen zwischen den Körben voll Gemüse, Kräutern und Blumen hatten sich die Hühner ihren Platz gesichert. Hinter dem Wagen war die Kuh festgebunden, daneben lief die Ziege. Und als Aufpasser folgte zum Schluss der Hund. Begleitet wurde der seltsame Zug von zwitschernden Schwalben.
Nur die Schweine, die Gänse und der Hahn fehlten. Sie mussten zuhause bleiben und den Hof bewachen.

„Da vorne geht es links und dann die nächste Abbiegung gleich wieder rechts," rief die Katze. Weil sie auf dem Rücken des Pferdes saß, hatte sie den besten Aussichtsposten. Sie kannte den

Weg, den sie jetzt gehen mussten, denn sie war der Bäuerin oft auf ihrer Ausliefertour gefolgt. „So, jetzt 50 Schritte gerade, dann scharf links und dann sind wir schon da!"

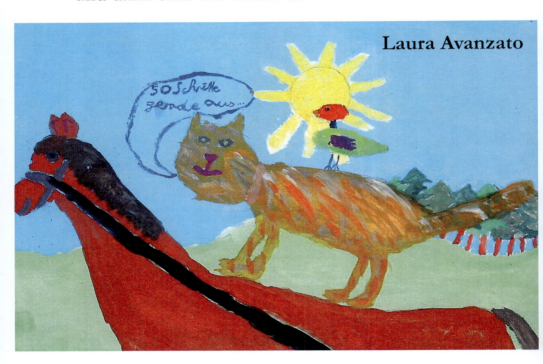

Laura Avanzato

Frau Greiner staunt nicht schlecht

Der erste Kunde, den die Tier AG besuchte, war die Familie Greiner mit vier Kindern in einem Reihenhaus. Die Mutter hatte viel zu tun und kaum Zeit, selbst zum Einkaufen zu gehen. Darum war sie dankbar, wenn die Bäuerin vom Huber-Hof zweimal die Woche kam, um ihr Lebensmittel vom Bauernhof vorbei zu bringen. Denn sie war sehr darauf bedacht, ihre Kinder gesund zu ernähren. Und da gehörten frisches Obst und Gemüse unverzichtbar dazu.

Aber heute staunte sie nicht schlecht, als sie zufällig aus dem Küchenfenster schaute und den Holzwagen mit all den Tieren vor ihrem Haus sah. Sie nahm ihren Einkaufskorb und die Milchkanne mit und trat überrascht auf die Straße. So einen seltsamen Zug hatte sie noch nie gesehen. Schade, dass die Kinder noch in der Schule und im Kindergarten waren. Die hätten eine helle Freude an den vielen Tieren gehabt. Zögernd näherte sie sich dem Wagen. Wo war die Bäuerin? Suchend sah sie sich um, aber sie konnte die Huberin nirgends sehen. Statt dessen fand sie einen Zettel, der seitlich am Wagen hing. Darauf standen nur vier Worte: „Die Bäuerin ist krank!" Der Briefträger hatte ihn geschrieben, nachdem er sie verletzt gefunden hatte und sie ins Krankenhaus gebracht wurde.

Langsam begriff sie nun, was das alles hier zu bedeuten hatte. Die Tiere hatten sich wohl selbstständig auf den Weg gemacht. Und was sie alles auf ihrem Wagen hatten!

Michèle Neubauer

Frau Greiner überlegte kurz, dann bediente sie sich aus dem reichhaltigen Angebot. Sie brauchte 2 Köpfe Salat, 15 Karotten, 3 Paprika, so ungefähr 16 Kartoffeln, verschiedene Kräuter und ein paar Äpfel. Ach ja, natürlich brauchte sie auch 6 Eier. Sie ging zu den Hühnern, die ganz aufgeregt gackerten, schob sie ein wenig zur Seite und während sie freundlich sagte: „Danke, das habt ihr fein gemacht," hob sie die Eier vorsichtig heraus und legte sie in ihren Korb. Zum Schluss suchte sie noch eines von den schönen bunten Sträußchen heraus. Das sollte den Esstisch in ihrer Küche schmücken.

Nachdem sie noch einmal überlegte, ob sie nun alles hatte, zog sie ihren Geldbeutel aus der Küchenschürze. Sie zählte in Gedanken zusammen, wieviel ihr Einkauf wohl kosten könnte und legte dann das Geld in den alten Hut, der schon auf dem Wagen bereit lag. Als sie an der Haustür war, drehte sie sich noch einmal um und sah, wie die seltsame Tiergesellschaft weiterzog.

Überraschung für Geheimrat Böhme

„Na, das hat ja gut geklappt," verkündete die Katze stolz, „es hat sogar besser geklappt als ich dachte!"
Die anderen Tiere stimmten ihr begeistert zu.
„Also, dann nichts wie weiter, hü, mein Pferd hü! Wir müssen jetzt zum alten Herrn Geheimrat Böhme. Da vorne müssen wir links, dann nach der dritten Kreuzung wieder links, gleich wieder rechts und dann ist es das fünfte Haus auf der rechten Seite. Hü, und ein wenig flott, wenn's möglich ist!"

Ja, auch der alte Herr Geheimrat Böhme war überrascht, als er unsere Tier AG vor seinem kleinen Häuschen ankommen sah. Eigentlich hatte er nicht damit gerechnet, dass er heute beliefert würde, denn er hatte bereits vom Briefträger gehört, wie schlimm es die Huber-Bäuerin getroffen hatte.

„Das muss ich mir doch einmal aus der Nähe

ansehen," murmelte er vor sich hin. Er nahm seinen Gehstock, die Stofftasche und die Milchkanne, die immer neben der Haustür griffbereit waren und ging zu den Tieren.

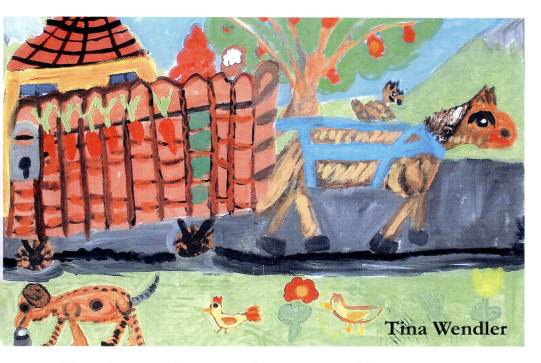

Er schaute sich um und meinte: „Ich brauche zwar nicht viel, aber wie ich sehe habt ihr eine reiche Auswahl mitgebracht. So werde ich mich selbst bedienen, wenn's recht ist."

Eine Hand voll Kartoffeln, ein paar Bohnen, zwei Zwiebeln und etwas von den Kräutern verschwanden in der Stofftasche. Dann nahm er seine Milchkanne, ging zu der großen Kanne, die hinten auf dem Wagen stand und schöpfte sich etwa 1 Liter Milch heraus.

„So, das war schon alles, was ich brauche. Wartet, ich muss noch eben mein Geld holen, damit ich bezahlen kann. Es muss ja alles seine Richtigkeit haben, auch wenn die Bäuerin nicht dabei ist!"

Umständlich wollte er die Milchkanne hochheben, die er kurz abgestellt hatte, damit er seinen Gehstock wieder in die rechte Hand nehmen konnte. Doch bevor er sich auch nur bücken konnte, sprang der Hund an seine Seite, nahm den Henkel der Kanne in sein Maul und folgte dem Herrn Geheimrat zurück zum Häuschen. Kurz darauf kam er mit einer kleinen Tüte mit dem Geld zum Wagen zurück, die er gleich in den alten Hut legte. Der Hund hatte als Danke-

schön fürs Tragen sogar eine Scheibe Wurst zur Belohnung bekommen.
Der alte Herr Geheimrat Böhme strich noch einmal zart über den Kopf des Hundes, gab dem Pferd einen Klaps auf den Rücken und rief: „Auf Wiedersehen, bis nächste Woche. Sagt eurem Helfer auf dem Hof, ich danke recht schön für die Lieferung."

Maxi Grübl

„Warum hat nur der Hund was bekommen und was haben wir für Helfer auf dem Hof?" fragte die Ziege, als sie um die nächste Straßenecke gebogen waren.
Da gackerten, bellten, muhten und wieherten die Tiere durcheinander, bis die Katze rief: „Ruhe, Ruhe, alle miteinander! So kannst auch nur du fragen, Ziege. Woher, bitte, soll der alte Herr Geheimrat denn wissen, dass wir zur Zeit gar keine Hilfe auf dem Hof haben und das alles selbst machen? Woher soll er wissen, dass wir eine Tier AG sind und klug genug um uns selbst zu helfen? Freut euch doch lieber über so ein großes Lob!"
Die Frage wegen der Scheibe Wurst überging die Katze einfach.

Oma Kugler glaubt es kaum

Nachdem sie bei Herrn Geheimrat Böhme waren, belieferten sie die Familie Krause, das ältere Ehepaar Wilde und noch etliche andere Kunden, bis ihre heutige Tour bei Oma Kugler endete.
Sie wohnte direkt am Waldrand und wollte gerade ihren Sohn, der zu Besuch da war, zum Einkaufen wegschicken. Ihre Vorräte waren fast aufgebraucht.

Sie hatte bis letztes Jahr selbst einen kleinen Gemüsegarten. Aber die Arbeit wurde ihr jetzt einfach zu viel. Deshalb hatte sie sich gefreut, als eines Tages die Huber-Bäuerin sie besuchte und sich bereiterklärte, ihr von nun an mit frischem Obst und Gemüse auszuhelfen.

Aber nicht nur bei Oma Kugler waren die Lebensmittel ausgegangen. Auch auf dem Wagen der Tiere sah es ziemlich leer aus. Ein bisschen Gemüse, ein paar Kräuter und einen letzten

Blumenstrauß gab es zwar noch, aber die Eier und die Milch, die sie vom Hof mitgebracht hatten, waren alle verkauft.

Ein Glück, dass die Hühner und die Kuh auch mit dabei waren. Die Hühner konzentrierten sich ganz fest und legten tatsächlich noch drei frische Eier.
Und endlich kam auch die große Stunde der Ziege. Der Hund stellte die Milchkanne von Oma Kugler unter die Kuh. Die Ziege trat ein wenig zur Seite, sodass sie gut an das Euter der Kuh kam und begann, erst etwas zögerlich, dann immer stärker, die Milch aus dem Euter zu zuzeln. Sie vergaß dabei aber nicht, dies mit Feingefühl und Vorsicht zu tun. Sie hatte nämlich keine Lust darauf von der Kuh getreten zu werden, wenn sie zu grob wäre.

Oma Kugler staunte nicht schlecht, als sie diese seltsame Szene beobachtete. Sie rief ihrem Sohn zu: „Komm schnell her, Herbert, und bring deine Kamera mit. Das musst du sehen und festhalten! Es ist unglaublich! Komm, sieh es dir mit eigenen Augen an!"

Herbert, der Reporter bei der Stadtzeitung war, beeilte sich, seinen Fotoapparat aus dem Auto zu holen und schoss viele Fotos hintereinander.

Einmal die Katze mit dem Pferd. Einmal den Wagen mit den Hühnern. Einmal die Kuh, wie sie von der Ziege gemolken wird. Einmal den Hund, wie er der Oma ihre Milchkanne bringt. Und zum Schluss machte er ein Foto mit allen Tieren darauf.

Nach dem überraschenden Fototermin und nachdem Oma Kugler auch ihr Geld für die Waren in den alten Hut gegeben hatte, war es für die Tiere aber an der Zeit wieder zum Huber-Hof zurück zu kehren. Zudem hätten sie sowieso nichts mehr anbieten können, denn sie waren restlos ausverkauft.

Charlotte Anke

Ein tolles Motto

Zuhause wurden sie ungeduldig von den Schweinen erwartet.

Simon Möhle

„Na, wie war's? Hat alles geklappt? Haben die Leute was gekauft? Los, erzählt schon!" drängten sie.
Und sie waren nicht schlecht beeindruckt, als

sie sahen, dass der Wagen komplett leer und der Hut gefüllt mit Geld war. Der Hahn kam sogar von seinem Misthaufen herunter geeilt und krähte: „Kikeriki, kikeriki, unsere Freunde sind wieder hi! Ihr seid sicherlich erschöpft von eurer ersten, sehr erfolgreichen Verkaufstour. Gratuliere! Das habt ihr toll gemacht!"

„Was heißt, das habt i h r toll gemacht?" fragte die Katze. „W i r haben das toll gemacht! Und da meine ich uns alle. Denn ohne deine Weckrufe hätten wir sicherlich verschlafen und ohne die große Hilfe der Schweine und der Gänse bei der Ernte hätten wir bei den Kunden nicht so viel Ware anbieten können. Außerdem lautet das Motto unserer ersten Tier AG doch:

Alle gemeinsam - das bringt Erfolg!

Und die ganze Tiergemeinschaft jubelte ihr zustimmend zu: „Alle gemeinsam - das bringt Erfolg!"

Jetzt werden sie berühmt

Dann kam erst einmal das Wochenende. Das heißt, die Arbeit ruhte für zwei Tage. Die Tiere mussten sich schließlich erholen und neue Kraft für die kommende Woche tanken. So lag jeder auf seine Weise auf der faulen Haut und träumte vor sich hin.

Dank den Anweisungen der Katze wusste am folgenden Montag jeder, was er zu tun hatte und dank des lauten „Kikeriki, kikerikiiii" hatte auch keiner verschlafen. So gut organisiert wie sie waren, lief alles wie am Schnürchen.

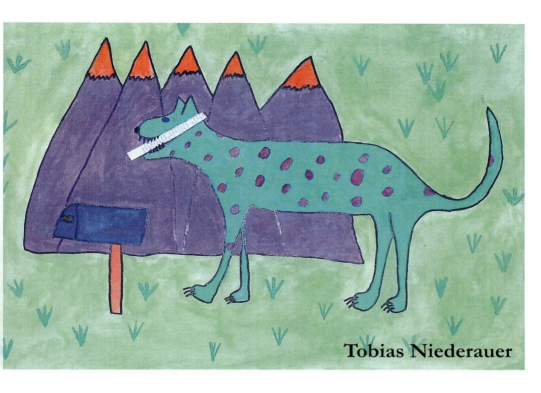

Tobias Niederauer

Sie waren mitten bei der Arbeit, als plötzlich der Hund wie wild angerannt kam. Er hätte dazu sicher auch laut gebellt, aber er konnte nicht, denn er hatte die Stadtzeitung im Maul. Daher war er auch ganz außer Atem. Er hechelte: „Alle mal herkommen, ich habe euch was zu zeigen!" Erst als auch der Letzte mitten auf den Hof kam, breitete der Hund die Zeitung aus. „Trara! Überraschung! Da staunt ihr nicht schlecht, was?"
Vor ihnen lag die Zeitung und vorne auf der Ti-

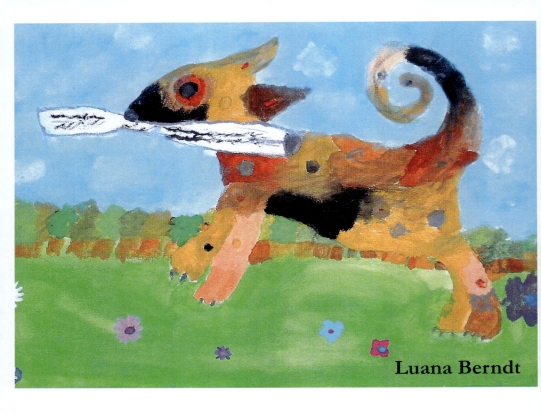

Luana Berndt

telseite war ein riesengroßes Foto. Ein Foto von ihnen. Über dem Foto stand in großen Buchstaben geschrieben:

>Das ist unglaublich
>**die erste Tier AG!**

Unter dem Foto folgte dann ein langer Artikel. Darin stand, dass sich die Huber-Bäuerin vor einiger Zeit schwer verletzt hatte und seitdem im Krankenhaus lag. Als wäre das nicht schlimm genug, kommt noch hinzu, dass jetzt auf dem Hof niemand ist, der sich um die Tiere und die Ernte kümmerte. Eigentlich wäre so eine Situation normalerweise das Ende für den Bauernhof, wenn nicht....

Ja, wenn nicht die Tiere selbst die Sache in die „Hand" genommen hätten. Sie organisierten sich, arbeiteten zusammen bei der Ernte, so gut es ging. Und es ging sehr gut.
Aber nicht genug damit. Sie luden alles auf einen alten Wagen, gingen gemeinsam zu den Kunden der Huber-Bäuerin und lieferten, wie von der Huberin gewohnt, Gemüse, Kräuter, frisch gelegte Eier und sogar vor Ort gemolkene Milch aus.
Wie man sich denken kann staunten die Kunden nicht schlecht, als sie am Freitag mittag von den geschäftstüchtigen Tieren aufgesucht wurden. Und sie staunten noch mehr, als sie sahen, was alles auf dem Wagen lag.

„Ja, liebe Leserinnen und Leser, das sind wahr-

haftig erstaunliche Nachrichten. Wenn ich es nicht mit eigenen Augen gesehen und mit meiner Kamera für Sie festgehalten hätte, würden Sie mir diese Geschichte glauben? Kaum! Und dennoch ist sie wahr. Die Tiere haben sich zusammen getan und gemeinsam etwas Tolles geschafft.
Darf ich Ihnen also vorstellen? Liebe Leserinnen und Leser

Die erste Tier AG

Und das hier bei uns! Phänomenal!!!

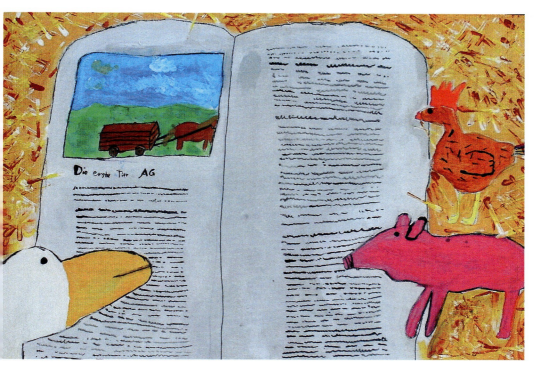

Verena Buchloh

Und ich möchte allen sagen, die manchmal an schwierigen Aufgaben scheitern oder es allein gar nicht erst versuchen wollen:
Nehmt euch die Tiere als Beispiel! Nichts ist ausweglos, wenn man sich zusammen tut und sich gegenseitig hilft. Denn es gibt kein schöneres Motto als

alle gemeinsam - das bringt Erfolg!"

Großes Trara bei den Tieren

Alle Tiere, die Kuh, die Ziege, die Hühner nebst Hahn, die Schweine, die Gänse, das Pferd, der Hund und die Katze, sogar die Schnecken und die Schwalben, einfach alle jubelten wie wild durcheinander vor Freude, als sie mit dem Artikel fertig waren. Das große Foto auf der Titelseite wurde so lange herum gereicht, bis jeder es gesehen hatte.

„Ruhe, Ruhe bitte," rief die Katze in die Menge. „Ruhe bitte! Ich möchte etwas sagen."
Aber ihre Stimme war einfach zu leise. So ging sie zum Hahn hinüber und bat ihn, so laut er konnte zu rufen, bis auch der Letzte ihn hörte. Das ließ sich der Hahn natürlich nicht zweimal sagen. Er richtete sich in seiner vollen Größe auf, stellte seinen roten Hahnenkamm auf, holte tief Luft und begann sein Ohren betäubendes „Kikeriki, kikerikiiii!"
Erschrocken verstummten alle Tiere und schauten sich fragend zu ihm um.

„Was hat dein lauter Schrei zu bedeuten," bellte der Hund, „ist was passiert?"

„Passiert ist nichts," erwiderte der Hahn, „ich wollte euch nur um Ruhe bitten, denn die Katze will uns etwas sagen. Also, hört ihr jetzt zu."

„Danke, lieber Hahn," sagte die Katze, die inzwischen auf ein paar Strohballen gesprungen war, damit jeder sie sehen konnte.
„Wie ihr alle in der Zeitung gesehen habt, sind wir jetzt wohl berühmt! Aber viel wichtiger ist, dass wir - jeder von uns - stolz sein können auf das, was wir gemeinsam geleistet haben. Ich danke euch dafür, sicherlich auch im Namen der Bäuerin. Die wird Augen machen, wenn sie im Krankenhaus erfährt, wie fleißig und zuverlässig ihre Tiere sind. Bravo!"

Erneut jubelten alle lauthals: „Bravo! Wir können stolz sein!" Und ein wahres Freudenfest begann. Sie gratulierten sich gegenseitig, umarmten sich, so gut es eben ging und tanzten miteinander auf dem Hof. Die Stimmung war ausgelassen wie noch nie.

Als dann die Katze auch noch verkündete, dass es heute für sie wie ein Feiertag sei und sie ausnahmsweise für den Rest des Tages „arbeitsfrei" bekämen, gab's kein Halten mehr. Die Feier über ihren großen Erfolg und über die Anerkennung durch den Zeitungsartikel dauerte bis tief in die Nacht.

Der Alltag beginnt wieder

Leider viel zu früh weckte sie der erbarmungslose Ruf des Hahns am nächsten Morgen. „Kikeriki, kikerikiiiii! Alle aufstehen! Das könnte euch so gefallen. Feiern bis in die Nacht und dann am nächsten Tag nicht zur Arbeit kommen. Alle antreten, unser Obst und Gemüse wartet auf die Ernte und unsere Kunden warten auf die Lieferung! Wir wollen doch unseren guten Ruf als erste Tier AG nicht schon nach einem einzigen Erfolg aufs Spiel setzen!? Also, reißt euch zusammen und kommt alle auf den Hof! Die Arbeit ruft! Kikeriki, kikerikiiii!"

Verschlafen erschien ein Tier nach dem anderen. Es dauerte ein wenig, bis alle versammelt waren. Aber alle, ausnahmslos alle kamen, auch wenn es dem einen oder anderen ziemlich schwer fiel nach der tollen Feier und dem kurzen Schlaf.

Die Katze, die sich schon über den Ablauf der Arbeiten für den neuen Tag Gedanken gemacht hatte, verteilte die Aufgaben und jeder machte sich daran, diese auch ohne zu murren zu erledigen. Ein emsiges Treiben begann auf dem Hof.

Diane Kais

Da kommen ja Helfer

„Ein Traktor kommt, ein Traktor kommt," bellte der Hund und rannte wie wild umher. Zuerst glaubten ihm die anderen Tiere nicht, denn es war weit und breit noch nichts von einem Traktor zu sehen. Aber der Hund, der sehr gute Ohren hatte, wusste, dass er sich nicht getäuscht hatte.
Und tatsächlich bog kurz darauf ein Traktor

Michael Bemmerl

auf den Hof. Am Steuer saß Bauer Franz vom Nachbarort. Er hatte in der Stadtzeitung die schier unglaubliche Geschichte von der ersten Tier AG und der Not auf dem Huber-Hof gehört und entschloss sich spontan zu helfen und mit anzupacken.
Er mistete den Stall aus, gab der Kuh, der Ziege und dem Pferd Futter. Dann half er auf dem Feld bei der Kartoffelernte und pflügte anschließend mit seinem Traktor gleich die Erde um.

Auch Oma Kugler wurde von ihrem Sohn, dem Reporter, zum Huber-Hof gefahren. Sie hatte ja ein wenig Erfahrung von ihrem eigenen Gemüsegarten, den sie früher einmal hatte und wusste, dass es viel auf einem Bauernhof zu tun gab. Sie streute Körner für den Hahn, die Hühner und Gänse aus, brachte Abfälle für die Schweine, gab der Katze Milch und dem Hund einen dicken Knochen.

Kurzum, die Menschen nahmen sich ein Beispiel an den Tieren und halfen alle zusammen,

Kevin Hipp

damit auf dem Huber-Hof alles seine geordneten Wege ging, bis die Bäuerin wieder kommen würde. So wurde die tapfere Tier AG von allen Seiten unterstützt.

Das Ausliefern von Gemüse, Kräutern, Obst, Eiern und Milch ließen sich die Tiere aber nicht nehmen.
Sie zogen zwei Mal die Woche durch den kleinen Ort von Kunde zu Kunde und boten ihre Ware an.

Nach dem Zeitungsartikel waren sie ohnehin die Attraktion. Die Leute freuten sich darauf die Tiere zu sehen. Und man glaubt es kaum, immer mehr wollten von der ersten Tier AG mit frischen Lebensmitteln vom Huber-Hof beliefert werden.

Die Huber-Bäuerin ist sehr stolz

Doch dieser tolle Erfolg war nicht das einzige Wunder der letzten Wochen. Denn seit die Menschen gelesen hatten, wie es um Marta Huber stand, kümmerten sie sich nicht nur um den Hof und halfen, wo sie konnten. Nein, sie kümmerten sich auch um die Bäuerin.
Jeden Tag bekam sie Besuch. Man brachte ihr Blumen und Obst mit und natürlich wurde ihr aufs Kleinste über ihren Hof berichtet. Sie freute sich sehr, dass es doch so viele Menschen gab, die in der Not da waren um zu helfen. Daraus schöpfte sie neuen Mut und Energie und ihre Heilung ging schneller voran als erwartet.

Sie war so dankbar über die Hilfe und die Aufmerksamkeit, die man ihr entgegen brachte. Und sie freute sich schon auf ihre baldige Entlassung aus dem Krankenhaus.

Aber eines machte sie besonders stolz und das waren ihre Tiere und ihre erste Tier AG. Ohne sie hätte sie den Mut verloren und vielleicht auch ihren Hof. Das wusste sie ganz genau. Das würde sie ihnen nie vergessen.

Wenn sie erst einmal wieder zuhause wäre, würde sie ein Fest veranstalten und im Mittelpunkt würden sie stehen - das Pferd, die Kuh, die Ziege, die Gänse, die Hühner und der Hahn, die Schweine, die Katze, der Hund und alle anderen Tiere, die mitgeholfen hatten sie und den Huber-Hof zu retten.

Lara Krabichler

Sie hatte eins gelernt aus der harten Zeit! In der Not ist man nie alleine. Manchmal dauert es zwar ein bisschen bis man Hilfe bekommt. Aber wenn man auf die Anderen zugeht, zeigt oder sagt, dass man es alleine nicht schafft, gibt es immer liebe und hilfsbereite Menschen und Tiere - ihre Tiere und **die erste Tier AG.**

Laura Sachse

Leider mussten wir bei den vielen Bildern eine Auswahl treffen, was uns sehr schwer gefallen ist.
Aber damit wir allen „Kreativen" gerecht werden, sieht man hier auch die restlichen Bilder von

Linke Seite:
Marika Hum, Ludwig Hiereth, Lukas Klostermair
Sebastian Stampfl, Alanis Adams, Elias van Zwol
Atilla Kacmaz, Benedikt Beer, Moritz Aichner
Carla Wünsche, Severin Binzer, Anna Grünwald
Simon Glücksmann, Marcel Buchmann, Stefan Stemmer
Johannes Prieschl, Benedikt Wörmann

Rechte Seite:
Michael Kislinger, Jonas Zandt, Franziska Bingießer

Danke

Dass dieses außergewöhnliche Buchprojekt zustande kam, habe ich als Autorin hauptsächlich der guten Zusammenarbeit mit der Grundschule Ilmmünster zu verdanken.

Unter der engagierten Leitung der Kunstlehrerin Frau Eva Schönauer entstanden im Kunstunterricht der beiden Klassen 4a und 4b diese tollen Illustrationen.
Dabei konnten sich die Kinder in ihrer Kreativität frei entfalten, nicht nur was die Farben anbetraf. Die Kinder setzten sich in Teams zusammen und legten in Eigenverantwortung die einzelnen Szenen der Bilder fest.

Danke auch an alle anderen Helfer, die mich bei diesem gemeinsamen Projekt mit der Schule so tatkräftig unterstützten und gesponsert haben.

Unser Wunschziel wäre erreicht, wenn wir mit diesem Buch viele Kinder animieren selbst kreativ zu werden und sie ermutigen, ihren Fähigkeiten zu vertrauen.

Regina Schwetje

Autorin

Regina Schwetje, geboren 1950 in Frankfurt/Main, war jahrelang als Grafikerin tätig. Als ihre beiden Kinder größer waren, suchte sie eine neue Herausforderung. So begann sie, sich an selbst erfundene Kindergeschichten von früher zu erinnern und neu aufzuschreiben. Aber es dauerte noch einige Zeit bis sie sich entschloss, mit viel Fantasie und Kreativität ihr erstes Kinderbuch zu veröffentlichen.

Die Geschichte „PINGOLO - Die Traumreise" ist 2008 erschienen und hat bereits Einzug an verschiedenen Schulen als Leselektüre gehalten.

Bei ihren Lesungen an Schulen als Autorin war sie begeistert, wie engagiert und interessiert die Kinder zuhörten. Spontan entschloss sie sich deshalb, die Bilder in ihrem zweiten Buch „die erste Tier AG" im Rahmen eines Schulprojektes mit der Grundschule Ilmmünster (Bayern) von „jungen Kreativen" der 4. Klassen gestalten zu lassen.

Weitere Geschichten folgen. So ist bereits das Bilderbuch „Fototermin" in Planung.